DE L'ÉTAT

DU CRÉDIT PUBLIC

EN FRANCE

AU COMMENCEMENT DE 1819.

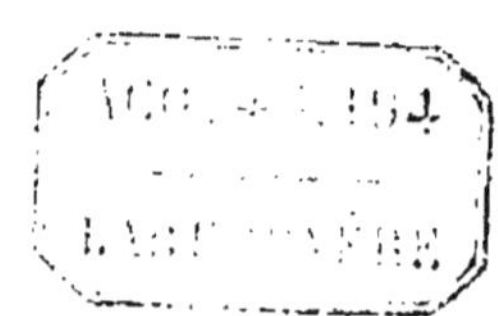

DE L'IMPRIMERIE DE P. DIDOT L'AINÉ,

CHEVALIER DE L'ORDRE ROYAL DE SAINT-MICHEL,

IMPRIMEUR DU ROI.

DE L'ÉTAT

DU CRÉDIT PUBLIC

EN FRANCE

AU COMMENCEMENT DE 1819.

PAR M. LE DUC DE LÉVIS.

A PARIS,

CHEZ PELICIER, LIBRAIRE, AU PALAIS-ROYAL.

FÉVRIER 1819.

AVERTISSEMENT.

———

Au moment où les discussions sur les finances vont s'ouvrir dans les deux Chambres, j'ai cru qu'il seroit utile de publier les réflexions suivantes sur l'état actuel du crédit. Lorsque les fluctuations des fonds publics sont aussi considérables qu'elles l'ont été dernièrement, elles n'intéressent pas seulement les rentiers et les spéculateurs. Les négociants et les propriétaires contribuent, à leur insu, aux frais de ce jeu désastreux. La stabilité du crédit est donc un des premiers besoins de l'État. Dèslors, tous les membres du grand conseil de la nation, tous ceux qui ont part au gouvernement, doivent examiner avec un soin particulier les causes de ces vicissitudes, et chercher les moyens de les prévenir.

A l'exception de quelques aperçus suggérés par les circonstances, on ne trouvera presque rien de neuf dans cet écrit. J'expose de nouveau les principes que j'ai toujours professés, et je recommande encore ce que j'avois déja conseillé. Mais si de semblables répétitions sont inexcusables dans les jeux d'esprit de la littérature, dans les ouvrages d'imagination, il n'en est pas de même lorsqu'il s'agit de finances ou de politique. Quand on se répéte, c'est du moins la preuve que l'événement ne vous a pas démenti.

DE L'ÉTAT

DU CRÉDIT PUBLIC

EN FRANCE

AU COMMENCEMENT DE 1819.

~~~~~~

CONSIDÉRATIONS GÉNÉRALES.

Les principes du crédit sont immuables. C'est, comme on l'a dit, la morale appliquée aux finances. Ne promettre que ce qu'on peut tenir, tenir ce qu'on a promis, voilà tout le secret. Fondé sur de telles bases, le crédit d'un grand état est inébranlable. Ces vérités trop long-temps ignorées en France y sont devenues presque triviales, elles garantissent la stabilité de notre système financier. Rien ne peut les faire oublier.

Cependant les fonds pourront encore éprouver de fréquentes variations, et lorsque la baisse sera forte et soudaine, elle ne manquera pas d'exciter des alarmes. Mais ces fluctuations ne
~~~~~~

devroient agiter que les spéculateurs; pourquoi les véritables créanciers de l'État, ceux
qui ont placé leurs fonds en rentes seroient-
ils inquiets? Tant que le revenu qui doit
les payer, au lieu de diminuer, s'améliore;
tant que la dépense est au-dessous de la recette, que la dette est journellement absorbée
par l'amortissement, qu'ont-ils à craindre? On
a même été plus qu'équitable envers eux;
car, pour payer leurs arrérages avec toute la
célérité possible, l'État, en chargeant la Banque
de ce service, a fait un sacrifice considérable. Au
reste, l'opinion publique est juste au milieu
des clameurs de la malveillance et de la légè-
reté; la confiance est si bien établie que l'on se
moqueroit du rentier qui douteroit d'être payé
à l'échéance. On conviendra que cette inquiétude n'eût point été ridicule sous le Directoire,
ou du temps de Bonaparte.

Cependant, dira-t-on, il est reçu que le taux
des fonds publics est la véritable mesure du
crédit, de la prospérité même d'une nation.
Cette proposition est vraie généralement, pourvu que l'on n'établisse son opinion que sur le
taux moyen d'un assez long espace de temps.

Mais prendre un moment de baisse pour ju-

·ger de l'état de la confiance et du crédit, seroit aussi peu raisonnable que si l'on choisissoit un temps d'orage pour juger le climat d'un pays.

- Jadis les variations que les fonds publics éprouvoient étoient assez rares ; elles dépendoient toutes de la politique extérieure, ou des mesures de l'administration. Une guerre dispendieuse, un gouvernement dissipateur, un ministre ignorant, faisoient tarir la source du crédit ; la sagesse, l'économie, ou seulement les apparences de ces précieuses qualités, suffisoient pour faire renaître la confiance. A ces causes principales, il faut ajouter aujourd'hui celles que l'on pourroit nommer secondaires : multipliées à l'infini, elles échappent, dans leur course rapide, aux calculs de la prévoyance. Le monde est devenu une grande place de commerce. Les progrès inouis des arts enfantent incessamment des jouissances nouvelles, des besoins inconnus ; l'industrie excitée crée des capitaux qui lui font bientôt prendre un nouvel essor. Dans cette fermentation générale, tout se tient, tout se lie, la réaction est continuelle : la diversité des mœurs, celle des langues, subsistent ; les inimitiés nationales ne sont peut-être pas apaisées, mais le luxe et l'amour effréné du gain ont rapproché les peuples : les communications sont si faciles et si promptes que les distances ne se comptent plus. L'emprunt fait dans le pays le plus reculé de l'Europe influe sur la bourse de Paris, sur celle de Philadelphie. Tant de nouveaux rapports, tant de combinaisons insolites, tiennent les fonds de tous les pays dans une agitation continuelle : la sagacité la plus exercée est souvent en défaut, car ce qui paroît le plus vraisemblable n'arrive pas toujours ; quelquefois même, les effets ne semblent plus d'accord avec les causes.

Je veux citer un exemple récent et remarquable de ces désordres apparents, ou plutôt de ces anomalies. Assurément, la prospérité des nations se fonde, comme par le passé, sur l'industrie des hommes et sur les bienfaits de la nature. Telles sont, telles seront éternellement les sources de toutes richesses ; et voilà qu'un grand développement de commerce intervertit l'ordre naturel, et fait que l'abondance produit le symptôme ordinaire de la détresse et de la pénurie, la baisse des fonds publics. On le sait : cette année, la récolte des vins a par-tout surpassé les espérances ; la quantité est immense, la qualité supérieure. Une foule

de capitaux s'est aussitôt déplacée, un mouvement rapide les a emportés du centre à la
circonférence; le numéraire s'est écoulé de la
capitale vers les pays de vignobles, car le vigne-
ron exige des écus. Des millions sont sortis des
caves de la Banque de France, où, depuis des années, ils étoient enfouis. Ce n'est pas tout; le né-
gociant, qui ne veut point laisser échapper l'occasion d'une spéculation avantageuse, retire les
fonds qu'il avoit placés sur l'État pendant la stagnation du commerce, et même, pour les accroître, il emprunte au capitaliste qui lui prête à
un taux plus élevé qu'il n'en pourroit retirer
en prenant des effets publics. Voilà deux causes
de baisse. L'un vend des rentes, l'autre n'en
achète pas. Et cependant on estime que la valeur
des vins et des eaux-de-vie de cette année ven-
dus à l'étranger s'élevera à 150 millions. Lorsque ces denrées seront arrivées à leur destination, qu'elles seront payées, et que les retours
seront effectués, enfin quand la masse des
richesses qui existe en France aura reçu cet
accroissement, il est évident qu'il en sera placé
une partie dans les fonds; alors ils remonteront plus qu'ils n'ont descendu; mais en attendant, ils sont tombés, et ce n'est point un

paradoxe de soutenir que si les vins avoient encore manqué cette année, une des causes de la baisse actuelle n'eût point existé.

Au reste, un effet semblable est produit dans tous les pays, chaque fois que le commerce ou l'industrie manufacturière prennent un essor soudain et inopiné. Les négociants trouvant, ou croyant trouver dans des spéculations nouvelles un placement plus avantageux que les fonds de l'État, retirent les capitaux qu'ils y avoient, pour ainsi dire, déposés afin de ne pas les laisser oisifs, et le cours fléchit momentanément.

Indépendamment de ces causes de vicissitudes, les variations que la politique extérieure produit sur les fonds publics sont quelquefois brusques, et même assez fortes; cependant elles ne dépassent point certaines limites, parceque la confiance des intéressés n'est point réellement ébranlée par de tels évènements. Prenons pour exemple ce qui s'est passé récemment en Angleterre. Dans le courant de l'été dernier, quelques apparences d'une rupture entre la Grande-Bretagne et les États-Unis firent éprouver aux fonds anglois une assez forte baisse. Mais ce seroit une erreur de croire que les capitalistes qui ont vendu à cette époque, eussent conçu la moindre méfiance sur la solvabilité de l'État; ils étoient au contraire parfaitement convaincus que le service de leurs arrérages continueroit, pendant la durée des hostilités, avec cette admirable ponctualité, si commode pour ceux qui reçoivent, si utile à ceux qui payent. Quels furent donc leurs motifs? Ils savoient que les dépenses extraordinaires de la guerre ne pourroient être levées par la voie de l'impôt sur des peuples déja surchargés, qu'il faudroit recourir à des emprunts : or, l'on n'emprunte qu'au-dessous du cours; il est donc profitable de vendre quand on prévoit un emprunt, pour racheter ensuite à un taux plus bas. Ce calcul est bien simple, et si quelque chose étonne, c'est qu'il n'ait pas été fait par tout le monde, et qu'il se soit trouvé des acheteurs. Mais d'abord, parmi eux, quelques uns ne croyoient pas à la guerre dont on étoit menacé, d'autres pensoient qu'elle ne seroit pas longue, d'autres enfin, avoient l'intention de faire un placement durable, et ne trouvoient pas un emploi plus sûr et plus avantageux de leurs fonds. Ceci prouve que la baisse produite par la politique extérieure ne peut être considérable qu'à la longue, qu'autant que les hostilités se prolongent, et que les emprunts se renouvellent; ajoutons qu'elle cesse dès que l'on peut prévoir le retour de la paix.

Lorsque la dépréciation des fonds est le résultat de la politique intérieure, elle suit une autre marche : d'abord lente et incertaine pendant les premières inquiétudes, elle augmente rapidement dès que les troubles éclatent; s'ils s'animent, elle ne connoît plus ni terme ni mesure. Alors ce n'est plus momentanément et par spéculation que les fonds se déplacent. Les ventes sont définitives, car la crainte ne porte pas seulement sur la jouissance des revenus. On tremble pour le capital, et des souvenirs funestes et recents justifient ces alarmes. Aussi le créancier de l'État recule épouvanté à l'aspect de l'anarchie et de la misère son inséparable compagne, derrière elles, il aperçoit l'impudente banqueroute qui lève son front d'airain.

Dans le cours ordinaire des choses, le prix des fonds public suit la régle commune à toutes les denrées, la concurrence des acheteurs, en d'autres termes, les besoins de la consommation. La confiance ou la défiance n'y entrent pour rien. Je refuse des diamants que me propose un joaillier, parceque je n'en ai que faire, ou parceque je ne suis pas assez riche pour les acheter, mais je ne crois pas pour cela qu'ils soient faux. Il en est de même des rentes sur l'État, et de tous les effets publics; ils peuvent être avilis par leur abondance, ou par la rareté des capitaux, sans qu'il existe le moindre doute sur la solidité du gage.

Ces observations préliminaires, ou plutôt ces explications nous ont paru nécessaires pour éclaircir une matière abstraite, mais que les circonstances ont rendue un sujet assez ordinaire de conversations.

CAUSES DE LA MOBILITÉ EXCESSIVE DU COURS DES RENTES.

Les principes de la science des finances sont simples et peu nombreux; les détails sont immenses, les applications difficiles, les expédients problématiques. Ainsi lorsqu'on est placé sur une éminence, on peut saisir d'un coup d'œil l'étendue et les limites d'une forêt située dans la plaine : veut-on y pénétrer, mille routes croisées se présentent, on doit craindre de s'égarer.

Cependant de tous les grands États Européens, la France est le pays dont les finances sont les plus faciles à comprendre et à étudier. Naguères encore, il n'en étoit pas ainsi; mais on peut dire que de l'excès du mal est venu le remède. Le besoin indispensable du crédit a forcé de déchirer le voile épais qui couvroit cette machine compliquée; avant de l'exposer au grand jour, on a senti la nécessité de la réparer. La publicité qui seule attire et mérite la confiance a produit un autre avantage, elle a soutenu le zèle et la vigilance de tous les agents de l'autorité : chacun en songeant que son travail seroit connu du public, a mis plus de soin à éviter les critiques, plus d'empressement à obtenir des éloges. Tout s'est donc successivement éclaici, amélioré, et l'obscurité des comptes, cette excuse trop légitime de la paresse, n'existe plus. Aujourd'hui, notre système financier est à la portée de l'intelligence la plus commune, et l'on peut aisément se convaincre que, s'il est susceptible de perfectionnements importants, du moins les bases sont solides, les principes justes, les moyens raisonnables.

Je donnerai pour preuve de ces assertions,

celle qui de toutes paroîtra toujours la meilleu
re, parcequ'elle dispense d'examen et de ré-
flexion, je veux dire les résultats. C'est un fait
incontestable, (chacun peut le vérifier) que les
revenus ordinaires suffisent aux dépenses de
tous les services, ainsi qu'au paiement des arrérages de la dette ancienne et nouvelle; ils suffisent encore aux frais de l'amortissement qui
s'accroît en outre avec toute la force progressive
de l'intérêt composé. Il est également notoire
que les impôts dont la quotité paroîtroit moins
excessive, si la répartition n'étoit pas si défec-
tueuse, nuisent si peu à la reproduction, que
jamais l'agriculture et l'industrie manufacturière n'ont tant fait de progrès : ajoutons que
l'estimation des revenus a été faite avec une
telle modération qu'aucune branche n'a donné
moins que la somme présumée, et qu'il en est
trois dont l'excédant réuni s'élève à plus de
29 millions. Ainsi, et c'est avec plaisir que nous
le répétons, le service du trésor est assuré, tous
ceux que l'État emploie, tous ceux à qui il
doit, à quelque titre que ce soit, sont certains
d'être payés, ils le seront à l'échéance; heureu-
ses innovations dont une foule de citoyens
sentiront tout le prix. Quant à la masse des

contribuables, elle voit dans l'extinction rapide de la dette viagère, dans la réduction que la loi prescrit de 40 millions sur les pensions; enfin dans l'amélioration progressive du revenu, la perspective prochaine du dégrévement d'une partie considérable de ses charges.

Tel est le tableau authentique de notre situation financière. Il faudroit remonter bien haut dans nos annales pour y trouver une époque plus prospère, il faudroit traverser le règne glorieux de Louis le Grand, et ne s'arrêter qu'aux jours du bon Henri.

Quel pays que celui qui, aidé par les soins d'un gouvernement paternel, peut se relever aussi vite, après tant de fautes et de malheurs! Combien il est favorisé dans la répartition des bienfaits de la Providence!

Cependant si l'on sort du domaine des finances pour s'élever à des considérations d'un ordre plus général, si l'on veut remonter jusqu'aux sources de la richesse, et que l'on examine avec attention la quantité des capitaux disponibles, leur emploi momentané, et leur distribution, l'aspect est moins satisfaisant. On reconnoît que les canaux de la circulation sont embarrassés, et que divers obstacles arrêtent le

développement et la consolidation du crédit.
Chercher à détruire ces embarras, à vaincre ces
obstacles, est un sujet digne des méditations de
tous les hommes qui aiment leur pays ; quant
à ceux qui ont part au Gouvernement, c'est un
devoir.

On ne sauroit se le dissimuler, la principale
cause des difficultés provient des émissions de
rentes et si considérables et si rapprochées. La
nécessité a forcé d'emprunter, d'abord pour con-
jurer de plus grands maux, et tout récemment
pour parvenir à la libération si desirée du territoire. Mais les capitaux françois n'étoient point
suffisants pour absorber cette masse énorme de
rentes, d'autant plus que les départements con-
servent encore de la répugnance pour un genre
de placement dont ils ont eu tant à souffrir. Il
faut d'ailleurs considérer que l'excessive division
des propriétés (mal qui s'accroît indéfiniment)
retarde singulièrement la concentration des
sommes disponibles qui pourroient avoir cet
emploi ; tant qu'elles sont de peu d'importance, elles ne s'écoulent point vers le centre ;
semblables à ces foibles ruisseaux qui se per
dent dans la terre lorsque la source n'est pas
assez abondante pour fournir à leur cours. Les

capitalistes étrangers ont profité de cet état de gêne et de méfiance : tentés par le bas prix de nos fonds qui offroient des placements infiniment plus avantageux que les leurs, ils ont acquis la plupart des nouvelles rentes ; et pourtant jusque-là nos intérêts n'étoient point lésés. Il y avoit compensation. L'argent qu'ils apportoient remplaçoit celui que l'on étoit obligé de payer aux alliés. Quant aux arrérages, ils étoient amplement compensés par la dépense que font chez nous les riches voyageurs de tous les pays, et par les produits constamment recherchés de notre sol et de notre industrie. Mais voici ce qui est véritablement fâcheux. Le prix auquel les étrangers ont acheté la rente étant fort bas, lorsqu'elle s'élève, ils peuvent réaliser un bénéfice considérable en la revendant. Cette opération amène nécessairement la baisse, qui leur est encore favorable, puisqu'ils peuvent recommencer ce jeu dont nous payons les frais. Quelques maisons françoises se sont placées à la suite de ces spéculations plus lucratives que patriotiques : car le profit qu'elles font n'est point un simple déplacement de richesse indifférent à l'État, il lui porte un véritable préjudice, comme tout

ce qui tend à augmenter le nombre et la vio-
lence des secousses factices qu'éprouve le prix
des effets publics; leur mobilité excessive arrête naturellement les capitalistes de tous les
pays qui auroient l'intention de faire dans la
dette françoise des placements durables : ce
n'est point qu'elle atténue leur confiance dans
la solidité du gage, personne ne la conteste, et
l'on sait qu'il s'améliore chaque jour. Mais celui qui s'est déterminé à acquérir de cette manière le plus commode des revenus, veut aussi
se le procurer au meilleur marché possible.
Or, comment se décidera-t-il au milieu de
toutes ces fluctuations indépendantes de la
politique et des causes naturelles, et dont, par
conséquent, on ne sauroit prévoir ni l'époque,
ni les limites? Ne peut-il pas croire, lorsque la
rente est haute, que l'agiotage va encore une
fois la faire baisser, et lorsqu'elle est basse, qui
pourra assigner le terme où la dépression doit
s'arrêter? On attend donc, on n'achète point,
d'autres emplois de fonds se présentent, et la
stabilité du crédit françois semble, en dépit des
événements les plus heureux, indéfiniment
ajournée.

J'ai signalé les causes du mal, je voudrois

pouvoir aussi aisément en indiquer le reméde ; l'abolition du droit d'aubaine déja votée par la Chambre des Pairs sur ma proposition, vœu que l'on ne sauroit trop se hâter de convertir en loi, est assurément un moyen efficace de fixer définitivement en France une partie des fonds étrangers qui ne viennent, pour ainsi dire, que faire des incursions chez nous. Mais le moyen le plus puissant, peut-être le seul qui soit infaillible, c'est la persévérance dans le système d'amortissement si sagement établi. Malheureusement ce reméde ressemble trop à de la patience pour satisfaire la vivacité françoise ; qu'elle se garde pourtant d'adopter des expédients hasardeux : rien n'est indifférent dans ces matières délicates. Ce qui est urgent, ce que la prudence ordonne, c'est d'empêcher que ce qui peut être éminemment utile ne tourne à notre désavantage. C'est sous ce point de vue qu'il me paroît nécessaire de s'occuper de la Banque de France, ce principal instrument de notre crédit.

DE LA BANQUE DE FRANCE.

Les banques publiques créées pour l'avantage du commerce, ont rempli, avec un succès prodigieux, le but de leur institution : sous ce point de vue, elles sont déja d'une grande importance, mais leurs rapports volontaires ou forcés avec les Gouvernements ont de telles conséquences que, dans tous les grands États, elles sont devenues un des principaux rouages de la machine politique.

Je sortirois du sujet que je me propose de traiter, si j'entrois dans de grands détails sur la Banque de France ; je ne veux m'occuper que de sa situation actuelle, et je ne reviendrai sur le passé qu'autant qu'il sera nécessaire pour expliquer ce qui existe. Je dirai ensuite ce qu'il me paroît convenable de faire dans les circonstances présentes, aussi bien dans l'intérêt public que dans celui des nombreux actionnaires de ce grand établissement.

La Banque, dont le capital primitif de 30 millions fut bientôt porté à 45, somme très suffisante pour les besoins de la place de Paris (et l'on sait que ses billets n'ont jamais pu dépasser

(24)

de beaucoup cette limite) vit tout-à-coup dou-
bler ce capital. Le moment sembloit mal choisi,
car le commerce étoit dans une léthargie com-
plète ; mais le Gouvernement qui commandoit
cette mesure n'avoit en vue que sa politique;
comme il n'avoit pas de crédit parcequ'il n'en
méritoit point, il vouloit se servir de la Banque
pour attirer à lui l'argent des citoyens : il étoit
évident, qu'en la surchargeant de capitaux, le
défaut d'emplois finiroit par vaincre la répugnance salutaire que l'on montroit généralement à se lier d'affaires avec lui. L'événement
justifia cette conjecture. La Banque acheta
2 millions de rentes sur le grand livre, au prix
élevé de 83 fr.; dans la suite, elle s'écarta encore
plus directement du but de son institution ; elle
fit au Trésor impérial des avances, qui, à la
fin, s'élevèrent jusqu'à 54 millions (1). Cependant ces divers placements n'absorboient point
encore tous les fonds oisifs dont la Banque pouvoit disposer ; ils augmentoient tous les ans;
parcequ'un des articles de la loi avoit prescrit

____

(1) Il est juste de dire à l'honneur du Gouvernement
royal que la totalité de ces emprunts a été remboursée
malgré les embarras des deux restaurations.

de mettre en réserve, et d'accumuler indéfiniment une portion assez forte des bénéfices. Le
motif apparent étoit d'assurer aux actionnaires
un revenu de 6 pour cent de leur mise; le but
réel étoit d'accroître encore le capital. L'augmentation étoit d'autant plus rapide que l'établissement, conduit sous le rapport de l'escompte, avec une rare prudence, n'éprouvoit jamais
de perte, point de ce qu'on nomme en termes
techniques, *avaries de porte-feuille*. Ce fut alors
qu'on imagina de faire racheter à la Banque
une partie de ses propres actions; elle en acquit
environ 22,000. Cette opération ne lésoit en rien
le commerce, puisqu'il ne réclamoit point les
fonds qui y furent employés. Mais étoit-elle
régulière, et la Banque pouvoit-elle, sans une
autorisation législative, diminuer le capital que
la loi avoit fixé? Sous un Gouvernement cons-
titutionnel, il est évident qu'elle ne le pouvoit
pas : mais le régime militaire dont nous sommes
enfin délivrés, cette époque où les décrets im-
périaux, les simples décisions ministérielles
avoient force de loi, ou plutôt plus de force
que la loi, excuse toutes les déviations de principes, absout de bien des fautes. Il seroit donc
oiseux d'examiner la légalité des mesures prises

alors. Nous n'avons à nous occuper que des résultats, sous le double rapport de l'intérêt public, et de l'intérêt direct des actionnaires. D'abord il est incontestable que les affaires de la Banque ont singulièrement prospéré. Ses écritures établissent que l'actif excède aujourd'hui le passif d'environ 115 millions. Il est vrai, cependant, que toutes les valeurs dont cet excédant se compose, ne sont point réalisables, du moins dans ce moment, au taux où elles sont portées. Les 2 millions de rentes sur le grand livre sont comptées, au prix d'achat, pour 33 millions, les 22,100 actions de même au prix coûtant de 23 millions; enfin l'hôtel et le mobilier de la Banque représentent à-peu-près 4 millions. Voilà donc pour environ 60 millions de valeurs dont le prix indéterminé et soumis aux circonstances ne pourroit être fixé que par une liquidation. Si la Banque retrouvoit alors, par la vente des rentes, ce qu'elles lui ont coûté, il est clair que les actionnaires, après être rentrés dans leur capital de 90 millions, auroient encore à partager les 25 millions de surplus. Tel étoit l'état des choses au commencement de la dernière session; et l'on doit, en outre, remarquer que le numéraire en caisse s'étoit accumulé jusqu'à la

somme énorme de plus de cent millions , tandis
que l'émission des billets n'avoit pas dépassé
la limite ordinaire qui est également d'environ
cent millions.

Une situation aussi singulière et l'état provi-
soire de l'Administration de la Banque devoient
éveiller la sollicitude du Gouvernement ; il pro-
posa un projet de Loi dont je ne rappellerai que
les dispositions financières.

Le capital réduit, de fait, à ce taux et même
au-dessous, par le rachat des actions, étoit
fixé à 70 millions ; la partie disponible de la
réserve acquise étoit répartie entre les actionnaires.

Ainsi l'on régularisoit une opération consommée et dont l'utilité étoit constatée par l'expérience, et l'on rendoit à la circulation, qui en
avoit un besoin pressant, plusieurs millions,
que l'on ne pouvoit d'ailleurs, sans une espéce
d'injustice, refuser indéfiniment aux propriétaires. Ce projet de Loi, porté en premier lieu
à la Chambre des Pairs, y éprouva d'abord une
opposition assez vive ; mais après une discussion
approfondie, comme elle devoit l'être devant
une assemblée dont la plupart des membres sont
naturellement étrangers à de pareilles questions,

il fut adopté par une très grande majorité. Cependant la session tiroit à sa fin ; et lorsque la Loi fut présentée à la Chambre des Députés, il ne se trouva pas assez de monde pour délibérer.

Tout resta donc dans le même état, la masse du numéraire accumulé dans le trésor de la Banque, masse énorme, hors de toute proportion avec son papier circulant ne fut point diminuée, et le capital s'accrut encore par la réserve d'un nouveau sémestre. Le commerce loin de reprendre de l'activité étoit toujours languissant : la consommation réduite par le malheur de deux invasions laissoit une partie de nos ateliers oisifs, et nos armateurs étoient presque découragés par le mauvais succès des expéditions maritimes dont les retours avoient en général donné plus de perte que de bénéfice. Au reste, la France n'étoit pas sous ce rapport plus maltraitée que les autres pays. La stagnation étoit générale en Europe, ou plutôt dans les deux mondes. L'esprit de spéculation se tourna alors tout entier vers les fonds publics. Les derniers emprunts avoient donné d'immenses profits ; pourquoi ceux qu'on venoit d'ouvrir, n'en donneroient-ils pas d'aussi forts ? La

rente, il est vrai, avoit été vendue plus cher, mais aussi les circonstances étoient bien plus favorables, et les espérances de la libération de notre territoire, espérances qui se sont si heureusement réalisées, prenoient tous les jours plus de consistance : chacun voulut spéculer ; rien ne se fait en France avec modération ; ceux qui n'avoient pas eu de part dans l'emprunt, qui peut-être n'en avoient pas demandé, en achetèrent en payant une prime ; enfin de manière ou d'autre, toute la place de Paris, y compris les administrateurs de la Banque qui y tiennent un rang si distingué, se trouva intéressée à la hausse et à la hausse rapide des rentes. On ne tarda pas à s'apercevoir que la Banque surchargée de fonds sans emploi pourroit favoriser très efficacement la spéculation en faisant des avances aux souscripteurs. On ne pouvoit se dissimuler, il est vrai, qu'en agissant ainsi, on s'écartoit du but et de l'institution d'une Banque créée exclusivement pour faciliter les opérations commerciales ; mais on avoit de si bonnes raisons. « Qui pourroit, disoit-on, re-
« clamer contre une mesure qui satisfaisoit tous
« les intérêts ? Assurément les actionnaires de-
« voient approuver ce moyen d'augmenter leurs

« dividendes par cette espéce d'escompte que
« rien n'eût remplacé. Seroit-ce le Gouverne-
« ment? mais il avoit un intérêt direct à ce que
« la rente s'élevât, son crédit s'en affermissoit
« en France et chez l'étranger; il pouvoit élever
« ses prétentions pour les emprunts subséquents,
« et en attendant, les frais de négociations dimi-
« nueroient en même temps que l'intérêt de
« l'argent. D'ailleurs, on avoit pris toutes le pré-
« cautions convenables pour que les fonds de
« la Banque ne fussent point compromis. Les
« souscripteurs ayant été obligés de donner
« quinze pour cent avant de recevoir leurs cer-
« tificats, on ne risquoit rien de faire pour eux
« le second paiement en gardant leurs titres :
« la *couverture* étoit plus que suffisante..»

Même en admettant ces assertions, on auroit
pu répondre que la matière escomptable pour
être de bon aloi, doit non seulement être so-
lide, mais réalisable en numéraire à une courte
échéance. Or les certificats d'emprunts étoient
fort loin de posséder cette qualité indispensable; au contraire la Banque au lieu de rentrer
promptement dans ses fonds, prenoit l'engagement tacite de faire de nouvelles avances, sous
peine de voir tomber lourdement ces mêmes ren-

tes, qu'il étoit si intéressant, sur-tout pour les souscripteurs, de tenir très élevées. Car il est bon d'observer que l'on ne pouvoit nullement comparer ces souscripteurs à des capitalistes qui auroient eu besoin de quelques délais pour réunir leurs fonds épars, afin de les placer à demeure et de se faire un revenu. Il étoit notoire que nos spéculateurs n'attendoient que l'occasion de se défaire avec profit du montant de leurs soumissions; enfin c'étoit des marchands de rentes d'autant plus pressés de vider leurs magasins, qu'ils n'avoient pas de quoi solder ce qu'ils avoient à vendre; ils avoient eu de la peine à payer un foible à compte; plusieurs étoient embarrassés même pour acquitter les loyers.

Cependant les circonstances politiques furent si favorables, que pendant plusieurs mois, l'imprudence d'une telle conduite ne se fit point sentir; au contraire, la Banque sembloit suffire à tout; elle recevoit à l'escompte tout ce qui se présentoit, elle payoit pour les soumissionnaires de l'emprunt, et elle trouvoit encore moyen de remplir les conditions du traité qu'elle avoit conclu avec le Gouvernement pour le service des rentes, non seulement avec ponctualité, mais en abrégeant de moitié le délai qui lui avoit été accordé pour le paiement de ces arrérages. Tous ces symptòmes de prospérité et de richesse augmentant la confiance, les effets publics montoient rapidement; le vaisseau du crédit voguoit à pleines voiles et sembloit toucher au port : la brise étoit forte, mais comme elle étoit favorable, les passagers dans leur impatience accusoient sa lenteur. 'Cependant on étoit près d'un écueil que la prudence avoit en vain placé sur ses cartes. Dans l'enthousiasme général, personne ne voulut y regarder; qu'arriva-t-il? le navire toucha et pensa se briser; le choc fut si rude qu'il y eut du monde de noyé, et beaucoup de blessés. Mais quittons la métaphore pour expliquer clairement les causes immédiates de la catastrophe.

Lorsque le repos eut été rendu pour la seconde fois à l'Europe agitée, les souverains du nord pensèrent sérieusement à rétablir leurs finances délabrées. On ne pouvoit songer à augmenter les impôts : les peuples respiroient à peine. Il fallut recourir au crédit. C'étoit le seul moyen de payer les dettes arriérées, et de se délivrer du fléau d'un papier-monnoie avili et ruineux. De grands emprunts furent ouverts , et par-tout ils furent remplis , car l'ordre et la paix ramènent la confiance. Si les sommes prêtées eussent été fournies par les sujets respectifs des gouvernemens qui empruntoient, la situation des changes n'en eût point été affectée. Mais il n'en étoit pas ainsi : presque tous les capitaux venoient du dehors ; il falloit donc les transporter au lieu de leur destination. Or, les lettres de change ne sont jamais abondantes sur un pays comme la Russie , qui exporte des matières premières d'une valeur bien supérieure à celle des produits de l'industrie étrangère qu'elle consomme ; elles étoient encore plus rares cette année , après les achats immenses de suifs et de chanvres que les Anglois avoient faits. Faute de traites, on fut réduit à faire voyager les écus. Dès-lors , les métaux précieux furent très recherchés : mais comme, par une circonstance qui ne peut étonner que les hommes irréfléchis, il se trouve que le pays le plus riche de tous, l'Angleterre, en est presque entièrement dénué, on s'adressa à la France où , malgré nos pertes, il en reste beaucoup (1). Les besoins étoient si grands qu'il y

––––––––––––––––––––––––––––

(1) Les documents authentiques sur la fabrication des

avoit huit et jusqu'à dix pour cent de profit à tirer du numéraire de Paris pour l'envoyer en Allemagne. L'occasion étoit trop belle pour ne pas être avidement saisie. Et pourtant, nous le disons avec plaisir, les premières maisons françoises refusèrent de concourir à un trafic qui, dans les temps ordinaires, n'a rien de condamnable; mais qui, dans certaines circonstances, n'est pas plus licite que l'exportation des blés dans un temps de disette. Quoi qu'il en soit, les cent millions qui existoient encore dans les caves de la Banque en juillet dernier étoient, quelques semaines après, réduits environ des deux tiers. On commença à s'effrayer, il étoit temps. Il y avoit pour plus de 120 millions de billets dans la circulation; le service des arrérages de la dette avoit mis dans le portefeuille de la Banque des obligations de receveurs à longue échéance, une partie de ses fonds étoit engagée dans les certificats de l'emprunt : cette situation étant connue, et l'or monnoyé se vendant déjà à 10 fr. de prime

---

monnoies que l'on trouve dans le dernier écrit de M. le duc de Gaëte, et d'autres renseignements donnent lieu de croire qu'il existe en France au moins 2 milliards en numéraire.

par 1000 fr., il étoit à craindre que la vue de tous ces fourgons chargés de numéraire, partant tous les jours de la capitale pour passer la frontière, ne fît prendre l'alarme aux porteurs de billets. Il y a quelque chose de contagieux dans ce genre de peur; et si deux ou trois cents personnes s'étoient présentées ensemble au remboursement, cela auroit peut-être suffi pour amener une crise, momentanée sans doute, mais toujours très fâcheuse.

Il fallut courir au plus pressé; l'escompte fut restreint, et ce qui eut des suites funestes pour le commerce, la Banque ne prit plus du papier qu'à la courte échéance de 45 jours. Le mal produit par cette restriction inusitée fut d'autant plus grand, qu'elle fut prononcée à l'époque la plus critique du mois, au jour où s'opère la liquidation de tous les marchés de la Bourse. Le mouvement d'une baisse principalement amenée par les ventes considérables que faisoient des étrangers qui vouloient réaliser leurs gros bénéfices, étoit commencé; il fut prodigieusement accéléré par la mesure que prit la Banque. Une foule de négociants porteurs de bon papier payable dans les délais ordinaires, comptoient sur ces valeurs pour faire honneur à leurs engagements, et ils avoient droit d'y compter comme sur des écus; refusés à l'escompte, il ne leur resta de ressource que dans la vente des rentes et des reconnoissances de liquidation qu'ils possédoient. Ils vendirent donc à tous prix. Ceux qui n'avoient point d'engagement vendirent aussi par peur, ou pour racheter à un taux plus bas. Enfin les spéculateurs qui avoient acheté fort haut vendirent également dans la crainte de perdre davantage. Ainsi, gagnants et perdants, tout le monde concourut à augmenter la baisse, la déroute fut générale.

Dira-t-on que ces événements sont indifférents à l'État parceque les fonds publics tombés sans cause réelle, et quand tout offre l'aspect le plus favorable, remonteront dans quelques semaines, par la seule force des choses, au point d'où ils sont partis, ou du moins à leur véritable niveau. Nous le croyons : mais nous ne saurions considérer avec cette indifférence stoïque, la ruine de tant de personnes, le malheur de tant de familles dont la fortune s'est trouvée compromise souvent à leur insu. Humanité à part, il est certain que l'intérêt général souffre par ces secousses violentes, qui non seulement froissent le commerce et entraînent des banqueroutes multipliées, mais qui nuisent encore singulièrement au crédit, parcequ'elles détournent les hommes prudents d'un placement, où l'on ne peut, il est vrai, avoir d'inquiétudes sur le revenu, mais dont on ne pourroit pas se retirer à volonté, sans risquer d'essuyer une perte considérable sur le capital.

Si les spéculateurs malheureux n'ont pas osé faire entendre leurs plaintes, celles des commerçants qui ont eu à souffrir de la restreinte mise par la Banque à ses escomptes ont été vives et nombreuses. L'administration de la Banque n'a pas été épargnée, et quand elle a donné pour excuse la sortie si rapide du numéraire, on a reproché au Gouvernement de n'avoir pas défendu cette exportation par une ordonnance, oubliant apparemment que quand cette défense seroit juste et raisonnable, ce que nous sommes loin d'accorder, l'exécution en seroit impossible dans un royaume qui a plus de 600 lieues de frontières. Enfin il en est qui, remontant plus haut, ont attribué tout le mal à l'insuffisance des capitaux de la Banque. Ici l'erreur est grave : c'est précisément l'exubérance de fonds qui a fourni le prétexte dont on s'est

servi pour entraîner la Banque dans les opérations qui ont causé ses embarras. Cela ne seroit
pas arrivé, si l'on avoit partagé conformément
à la proposition du Gouvernement, la réserve
disponible entre les actionnaires. N'est-il pas plus
que probable que ces sommes indépendantes
de leur revenu , auroient été employées à l'augmenter, en achetant des rentes, non par spéculation et pour y gagner en les revendant,
mais pour les garder. Au lieu d'encourager ces
placements solides et durables, qui dégagent un
marché encombré, on a favorisé ces spéculations gigantesques ou plutôt forcenées, où des
individus jouoient chacun sur *plusieurs millions
de rentes*, spéculations qui ont fini par les rui-
ner, eux et leurs téméraires agents, et par ébran-
ler le crédit. On voit combien il est à regretter
que la sanction législative n'ait pas été donnée
au projet de loi: évitons de tomber dans une
faute semblable. Aujourd'hui que les emprunts
ouverts par les Gouvernements étrangers sont
remplis, les métaux précieux ne sont plus de-
mandés ; aussi le numéraire qui afflue dans les
coffres de la Banque, s'y accumule-t-il de nouveau : au moment où j'écris, il égale presque
la valeur des billets en émission, bientôt il

les dépassera encore, et cela est d'autant plus
probable que le commerce n'est pas seulement
languissant comme il l'étoit les années derniè-
res ; les pertes immenses qu'il vient de faire, la
baisse générale des marchandises, les nombreuses faillites, tout le restreint dans les limites les
plus étroites de la consommation. Et cependant
lorsqu'une centaine de millions est ainsi sous-
traite à la circulation qui en souffre, n'est-il
pas inconcevable d'augmenter ce trésor inutile
par une retenue sur les bénéfices qui pour le
sémestre échu le premier de ce mois, s'est élevée
à 1,200,000 francs ; et ne seroit-il pas également
juste et utile au crédit, de répartir entre les actionnaires au moins une partie de cette réserve
qu'on retient à leur détriment et sans profit
pour qui que ce soit.

Avant de terminer cette discussion sur la
Banque, nous croyons devoir attirer l'attention
sur les 2 millions de rentes qu'elle posséde : on
a vu plus haut que cette acquisition n'avoit pas
été volontaire. En effet, un tel genre de valeur
ne devroit jamais entrer dans la composition
du capital d'une Banque, ou plutôt ces établis-
semens ne devroient posséder que des espéces
monnoyées ou des lingots. Cela est évident, ne

faut-il pas que leurs fonds soient toujours disponibles, puisque leur destination est de payer à vue les porteurs de billets qui ne doivent jamais attendre? Et le capital tout entier n'est-il pas la garantie des lettres de change que l'on escompte? Or s'il arrivoit qu'elles fussent protestées, et qu'il fallût, après avoit épuisé le numéraire en caisse, recourir à la vente des rentes ; comme ces faillites ne pourroient avoir lieu que dans un temps de crise et de discrédit, on aggraveroit le mal en vendant les rentes.

Ces observations, ou plutôt cette exposition de principes, ne nous empêchent pas de reconnoître qu'il ne faut rien innover dans la composition du capital actuel de la Banque, jusqu'à ce que le crédit ait acquis cette stabilité que le temps ne donne pas sans la sagesse, mais aussi que la sagesse ne donne pas sans lui. Que si, à cette heureuse époque, le commerce prenoit un immense développement, si les capitaux disponibles de la Banque ne suffisoient pas aux besoins de la place de Paris, il faudroit certainement les augmenter par la vente partielle et successive des rentes. Mais il est bien plus probable que d'ici à long-temps, les fonds actuels de la Banque ne seront pas inférieurs aux be-

soins réels du commerce. Si l'événement jus-
tifie cette conjecture, on n'aura à s'occuper
de ces rentes que quand le privilége de la
Banque étant près d'expirer, il sera question de
le renouveler : alors on pourra exiger, comme
prix de cette concession, qu'une partie quel-
conque, ou même la totalité des 2 millions de
rentes, reste immobilisée pendant la durée du
nouveau privilége.

Au reste, dans toute délibération sur la Banque de France, ou plutôt sur toutes les banques, on ne doit jamais perdre de vue cette vé-
rité fondamentale : « Lorsque le capital d'une
« banque dépasse les besoins réels du commer-
« ce, il en résulte un de ces deux inconvénients,
« ou les fonds restent oisifs, et alors la circu-
« lation en souffre ainsi que les actionnaires;
« ou l'on se décide à les employer en spécula-
« tions qui finissent presque toujours par être
« fâcheuses pour le public, et dangereuses pour
« l'établissement. »

COMMENT DIMINUER LA MASSE DES RENTES FLOTTANTES.

De tous les emprunts, les plus commodes sont assurément ceux dont on n'est point obligé de faire le remboursement à époque fixe, et que l'on peut cependant rembourser à volonté. On n'est alors tenu qu'à servir les arrérages jusqu'à ce qu'il se présente une occasion favorable de s'acquitter ; et même lorsque le crédit s'améliore, on peut, sans bourse délier, remplacer, par un emprunt moins onéreux, celui qui, dans des circonstances difficiles, avoit coûté plus cher. Cette proposition est également vraie ; soit qu'il s'agisse de prêts entre particuliers, ou des diverses valeurs d'une dette publique, pourvu toutefois que la masse des rentes soit proportionnée aux capitaux disponibles du pays ; autrement, elles se trouvent entre les mains des spéculateurs qui, n'ayant ni l'intention, ni les moyens de les garder, se les jettent, pour ainsi dire, les uns aux autres, et il en résulte les inconvénients graves que nous éprouvons, et auxquels il est instant de remédier. La première idée qui se présente, est d'augmenter de beaucoup les fonds consacrés à l'amortissement. Mais, comment y songer, quand les impôts sont déja portés à un taux si élevé que la nécessité la plus impérieuse a pu seule les faire supporter; l'expédient seroit pire que le mal. Cependant, si l'on ne peut diminuer la masse des rentes par un rachat plus rapide, nous croyons qu'il seroit possible de rendre, au moyen de combinaisons nouvelles, la dette moins onéreuse.

D'abord, nous repousserons, sans leur accorder les honneurs de la discussion, toutes ces mesures arbitraires suggérées par des conseillers malavisés; elles sont trop peu dignes d'un Gouvernement paternel et éclairé pour en être accueillies. Aussi nous ne saurions croire qu'il ait accordé une attention sérieuse au projet de placer en rentes les fonds des mineurs et quelques autres propositions de ce genre. Étrange manière, en effet, de prêcher la confiance que d'employer la compulsion; c'est montrer que l'on croit peu soi-même à ce que l'on veut persuader. Le résultat ne seroit pas douteux ; pour quelques sommes de peu d'importance qui seroient placées de force en rentes, on détourneroit bien des millions qui auroient eu cette destination. L'ancien proverbe dit que la vengeance céleste suit lentement le crime qu'elle finit pourtant par atteindre. En matière de crédit, la peine n'est pas boiteuse; c'est au galop qu'elle poursuit le coupable.

Mais, s'il est vrai que l'état ne peut agir sur les particuliers isolés que par la voie de la persuasion, il ne l'est pas moins qu'il peut exiger des conditions de ceux qui s'associent pour demander des concessions. Rien ne s'oppose donc à ce qu'on les oblige à conserver, pendant la durée du privilége qu'ils sollicitent, une certaine quantité de rentes, égale, par exemple, au tiers de leur capital. Cette mesure, si favorable au crédit, auroit encore l'avantage de donner une garantie aux actionnaires, si l'on stipuloit que la part des administrateurs répondroit de leur gestion. On objectera peut-être que ce seroit paralyser ces entreprises que d'imposer une obligation qui absorberoit une partie des fonds destinés à leur exploitation. Nous croyons que cette crainte est peu fondée. D'abord, les actionaires sont, en général, des hommes riches ou du moins aisés, dont plusieurs possédent des rentes et qui, par conséquent, n'auroient point d'argent à débourser; et puis il est dans la nature du caractère des François de s'exagérer les avantages des nouvelles entreprises, une condition qui, sur-tout au cours actuel, n'a rien d'onéreux, n'y feroit donc point renoncer.

Enfin, dans un moment où l'industrie, si long-temps découragée, se ranime dans toute la France, lorsqu'on n'entend parler que de projets de banque locale, de compagnies d'assurances contre la grêle, le naufrage, l'incendie, on peut raisonnablement espérer que les sommes qui dans le courant de l'année prochaine, recevront ces diverses destinations, s'élèveront, comme dans celle qui vient de finir, à une soixantaine de millions. S'il en est ainsi, 20 millions seroient, en 1819, placés en rentes immobilisées temporairement : C'est la moitié du fonds annuel de l'amortissement, et, sans augmenter les charges des contribuables, on en retireroit presque le même service, comme de tout ce qui tend à diminuer la masse des rentes flottantes qui encombrent le marché.

Il est une autre mesure d'un intérêt plus général et qui nous paroît trop avantageuse aux finances de l'État et aux propriétaires, pour ne pas mériter une discussion approfondie. Ce seroit le rachat d'une partie de la contribution foncière. On conçoit d'abord qu'il faut que les conditions proposées offrent un assez grand attrait pour engager à se libérer ceux qui en ont les moyens. Nous supposerons que l'on fixe le rachat à quinze fois le montant annuel de la contribution, et nous suivrons les résultats de l'opération dans les diverses hypothéses. Un propriétaire veut amortir 5,000 fr. de ses impositions foncières, il verse 75,000 fr. entre les mains du receveur; celui-ci les fait passer à la caisse des dépôts et consignations qui les emploie à acheter des rentes : Elles sont aussitôt biffées sur le grand livre. Il est clair que si le cours est à 75, l'État a troqué 5,000 fr. de revenu contre 5,000 fr. de dettes; il paroît indemne; mais, dans le fait, le fisc a gagné, car il épargne les doubles frais de recette et de paiement. Que si le cours est, comme aujourd'hui, fort au-dessous de 75, l'état annulle beaucoup plus de rentes qu'il ne perd de revenu (1). Dans la supposition contraire, c'est-à-dire, si la rente dépassoit 75, il y auroit perte pour le trésor.

____

(1) En supposant la rente au prix moyen de 70, l'État gagneroit un quatorzième de revenu; au cours de 65, le bénéfice seroit d'un septième.

Malheureusement nous n'en sommes pas là ; mais comme nos cours doivent pourtant s'améliorer progressivement, et que cette mesure même hâteroit le développement du crédit, on pourroit fixer un délai, par exemple, celui de l'année courante, passé lequel les rachats ne pourroient plus se faire que sur le pied de 16 fois la contribution au lieu de 15.

Il nous reste à examiner la question sous le rapport du contribuable qui s'est racheté ; il a placé sur lui-même (ces sortes de placements sont toujours les plus utiles) au taux avantageux de près de 7 pour 100. Ensuite, il est délivré à jamais des fréquentes et incommodes visites du percepteur, qui, souvent même, soit par la négligence des gens d'affaires, soit par l'inexactitude du fermier chargé d'acquitter l'impôt, entraîne des désagréments et des frais. Mais ces avantages réels deviennent bien plus sensibles lorsqu'on veut se défaire de sa propriété. On sait que les immeubles s'achètent sur le pied du revenu net. Or, la terre qui payoit 5,000 fr. d'impositions, ce qui suppose un revenu brut de 25,000 fr., se seroit vendue (en calculant au taux bien modéré du denier 25) 500 mille fr. ; elle se vendra, lorsqu'elle

sera redimée, 625,000 fr., et comme le propriétaire n'a déboursé pour le rachat que 75,000 fr.,
il s'ensuit qu'il gagne 50,000 fr. Dans toutes
les provinces où les terres se vendent sur le
pied du denier 30, et même beaucoup au-delà,
le profit s'accroîtroit dans une égale proportion.
Mais en même temps que le vendeur gagne,
l'État voit augmenter le revenu de l'enregistre-
ment. Dans l'exemple que nous venons de citer,
le droit de mutation se percevroit sur 125,000 fr.
de plus, c'est-à-dire qu'il s'éleveroit d'un quart,
et cet accroissement considérable se renouvel-
lera autant de fois que l'immeuble changera de
maître, soit par vente, soit par succession. Nous
adressons cette observation à ceux qui verroient
avec regret que l'État abandonne une partie de
ses revenus, même pour amortir les dettes.
Pour nous, il nous suffit qu'une opération soit
comme celle-ci éminemment favorable à l'agriculture, et qu'elle augmente la masse de la richesse nationale pour nous tranquilliser sur les
intérêts du fisc. Les finances d'un pays opulent
ne doivent jamais être embarrassées.

Cependant une objection sérieuse se présente.
Ce n'est pas, il est vrai, contre les avantages de
la mesure proposée, ils sont incontestables;

mais on prétend que la confiance n'est pas assez
affermie pour que les propriétaires veuillent
courir ce que l'on appelle la chance de ces rachats. Qui leur garantira, dit-on, que, dans
quelques années, on ne taxera pas de nouveau
les terres rédimées, que l'on ne reviendra pas
sur l'aliénation d'un droit imprescriptible? A
ces doutes injurieux, que ne suffit-il d'opposer
le sentiment de l'honnêteté publique, de l'honneur national? Mais si l'on est réduit à invoquer
l'intérêt; eh bien, il est enfin reconnu aujour-
d'hui que le manque de foi est tout ce qu'il y a
de plus ruineux en finances. D'ailleurs le temps
n'est plus où l'on ignoroit que le crédit procure
autant de supériorité aux nations qui savent
s'en servir, que l'usage des armes à feu en donne
aux Européens sur les peuplades sauvages. Au
reste, qui arrête en si beau chemin ces hommes
si défiants, leurs objections s'appliquent également à tous les placements dans les fonds publics? Le danger est absolument le même; et ils
n'auroient que trop d'exemples à citer pour jus-
tifier leurs craintes dans ce genre. Depuis un
siècle, que de réductions n'a-t-on pas fait subir
en France et ailleurs, aux intérêts et aux capitaux des dettes publiques? Nommons les choses

par leur nom. Combien n'a-t-on pas vu de banqueroutes partielles? La plus scandaleuse, celle des deux tiers de nos rentes est encore toute récente; pourquoi n'en feroit-on pas bientôt autant? Qui en répondra? Mais puisque ces souvenirs amers n'empêchent pas les fonds publics de se soutenir, et qu'on ne taxe point d'imprudence les familles qui emploient ainsi une partie de leurs capitaux, on doit rejeter des soupçons qui seroient encore moins fondés. Cependant nous reconnoissons qu'il faut subir la peine des fautes passées, lors même qu'on a l'intention de ne plus en commettre, et voilà pourquoi l'on est réduit à offrir la vente de la contribution foncière au bas prix de quinze années du revenu. Si nous avions toujours été justes et sages, nous trouverions aisément des acquéreurs qui paieroient un quart et plus en sus de la condition proposée. Voyez tout près de nous, les fonds d'un pays moins productif que le nôtre, mais qui s'est toujours montré fidéle à ses engagements, sont montés à une telle élévation que l'argent, ainsi placé, rapporte à peine la *moitié* de l'intérêt qu'on obtient aujourd'hui de la rente françoise. Cette différence est une forte leçon ; elle ne sera pas perdue (1).

Les diverses mesures que nous venons d'indiquer ont toutes le même but ; elles tendent à diminuer la quotité des rentes circulantes, masse qui, grossie par nos malheurs et par nos fautes, est hors de proportion avec les capitaux destinés à les absorber. Au reste, nous sommes loin de recommander exclusivement l'adoption de ces moyens ; peut-être en est-il de plus efficaces. S'il s'en présente, cet écrit n'aura pas été inutile en appelant l'attention publique sur un sujet de cette importance. Mais pendant que l'on s'évertue à chercher la solution du problême difficile de la diminution des rentes flottantes, il seroit aussi trop inconséquent de négliger les précautions qui dépendent de nous, pour empêcher que la fausse combinaison qui régle le paiement définitif de l'arriéré, n'accroisse gratuitement la dette consolidée de plusieurs millions de rentes.

---

(1) Lorsque les 3 pour cent consolidés sont à 78 (et ils sont au-dessus), on obtient 3000 fr. d'intérêts pour 78,000 fr.; cette même somme placée dans les fonds françois, quand la rente est à 65, rapporte 6000 fr., exactement le double : cela n'est-il pas choquant?

4.

DU PAIEMENT DE L'ARRIÉRÉ, DES INCONVÉNIENTS DU MODE ACTUEL, MOYENS D'Y REMÉDIER.

On reconnoît généralement aujourd'hui que le mode du paiement des créances arriérées est sujet à de graves inconvénients; l'expérience a prouvé qu'il étoit nuisible au crédit sans être avantageux aux créanciers. La promesse d'un paiement intégral en argent ou en rentes au cours, mais à une époque assez éloignée, ne suffit pas, dans ces temps de défiance, pour donner à de tels effets la valeur qu'ils devroient avoir lorsqu'on considère la solidité du gage. D'un autre côté, l'on prévoit déja que les remboursements des reconnoissances de liquidations amèneront nécessairement la création d'un supplément considérable de rentes. Car il est hors de doute que les détenteurs ayant, à cette époque, le plus grand intérêt à faire fléchir le cours, il se formera de grandes spéculations à la baisse : et comme la malveillance et la crédulité les favoriseront toujours, on doit craindre que ces manœuvres n'aient du succès; alors, si la rente tomboit, par exemple, à 60 (et nous venons de voir que la chose est possible, lors même que tout présente l'aspect le plus favorable, et que jamais peut-être on n'a eu autant de raison de croire à une longue paix), on seroit obligé de donner au porteur d'une reconnoissance de cent mille francs 8,333 francs de rentes, parceque 100,000 francs en numéraire en achèteroit autant à ce cours. On voit combien cette liquidation seroit onéreuse, et encore rien ne prouve qu'une supposition plus fâcheuse ne puisse se réaliser.

Il est donc à regretter que l'on n'ait pas travaillé efficacement à diminuer la masse des reconnoissances de liquidation qui s'élèvent déja à 200 millions, et qui augmente tous les jours jusqu'à ce qu'elle atteigne la somme de près de 400 millions, estimation présumée du montant de la dette arriérée. Une partie des fonds de l'amortissement eût été utilement employée de cette manière; on auroit pu encore, comme je l'avois indiqué l'année dernière, convertir une partie des rentes qui appartiennent aux divers établissements publics en reconnoissances de liquidations, opération avantageuse à ces établissements et rassurante pour le Trésor qui n'auroit jamais rien à craindre de la malveillance de tels créanciers; mais puisque ces me-

sures ont été négligées , puisque l'on trouve
quelques difficultés à les adopter aujourd'hui ,
il faut recourir à d'autres expédients.

Celui qui me paroît préférable est le rachat
de la chance si redoutable d'un supplément de
rentes moyennant une prime d'un pour cent
d'intérêt. Ainsi le créancier auroit la *faculté* de
se faire consolider à raison de 6 pour cent. Il
est aisé de suivre , dans toutes les hypothèses ,
les résultats de cette mesure. Qu'elle soit avantageuse pour l'État , dans la supposition d'une
baisse à l'époque des remboursements , c'est ce
qui frappe d'abord. Si , comme nous l'avons
supposé ci-dessus , la rente étoit à 6o , il faudroit pour acquitter une reconnoissance de cent
mille francs , livrer 8,333 fr. , au lieu des 6,ooo
que coûteroit la consolidation. Et si le cours
tomboit jusqu'à 5o , la perte seroit de 4,ooo fr.
de rentes. Est-il prudent de s'exposer à de pareils
sacrifices ?

Il est bien vrai que , dans la supposition contraire , si la rente étoit à un taux très élevé , le
Trésor éprouveroit une perte légère , et qui ne
pourroit jamais dépasser un pour cent. D'ailleurs cet excédant d'arrérages cesseroit bien
vite : ce n'est pas aux hommes versés dans les

combinaisons financières qu'il faut apprendre
que si les rentes étoient au pair, on trouveroit
aussitôt à emprunter à 5 pour cent pour rembourser ceux à qui l'on payoit 6. Cette réduction d'intérêt s'est faite en Angleterre, et ce sera
toujours le chef-d'œuvre de l'amortissement.

Nous avons inutilement cherché des objections contre la mesure que nous proposons; on
ne nous a opposé que des doutes sur la volonté
des créanciers de l'arriéré. Ils ne voudront pas,
nous ont dit quelques personnes, renoncer à
leur droit au paiement intégral, pour accroître
leur revenu d'un pour cent; sans doute quelques uns penseront ainsi; mais nous allons exposer les raisons qui doivent déterminer le plus
grand nombre de ces créanciers à préférer la
conversion qui leur est offerte, à leur situation actuelle. D'abord l'augmentation d'un cinquième de revenu tentera ceux qui sont dans
l'intention de ne point déplacer leurs capitaux;
et puis on ne sauroit douter qu'ils n'aient, pour
la plupart, le besoin ou la volonté de rentrer
dans leurs fonds dès qu'ils le pourront avec
avantage. Or la consolidation à 6 pour cent leur
en donne le moyen, en élevant la différence
entre la reconnoissance de liquidation et la

rente, différence qui a varié jusqu'ici de 3 à 7, et en la fixant à un cinquième au-dessus du cours des rentes. Pour assurer cette valeur analogue au revenu, il suffira de prescrire à la Caisse d'amortissement de racheter (conformément au but de son institution) de préférence, celui des deux fonds qui rapportera proportionnellement le plus d'intérêts. Ainsi, quand les cinq pour cent seront, comme au moment où j'écris, à 70, si les six pour cent étoient au-dessous de 84, on en racheteroit jusqu'à ce qu'ils eussent atteint le niveau commun. On voit, par cet exemple, ce que les créanciers de l'arriéré gagneroient à se faire consolider : au cours actuel, ils ne peuvent vendre une reconnoissance de cent mille francs que 76,000 fr., ils la vendroient 84,000 fr., et si la rente remontoit prochainement, comme cela est probable, à 75, ils vendroient 90,000 fr., prix qui se rapproche de ce qu'ils peuvent obtenir de mieux en attendant l'époque encore fort éloignée du remboursement.

On peut donc raisonnablement supposer que la moitié au moins des créanciers usera de la faculté qui leur est offerte, et dès-lors les conséquences fâcheuses du mode actuel de paiement cessent. On n'aura plus rien à craindre des baisses factices ou réelles aux époques des remboursements. Qui doute que, quand il ne faudra plus trouver qu'une trentaine de millions pendant cinq ans pour cet objet, on ne puisse s'acquitter en argent? On peut espérer que, sans recourir à d'autres expédients, l'amélioration des revenus croissant avec les progrès de la culture et de l'industrie qui sont loin d'avoir atteint leur terme, en donnera, comme cette année, les moyens. Au pis aller, on pourroit faire servir à cette destination une partie de la dotation toujours croissante de l'amortissement; et certes, on ne pourroit mieux employer ces fonds qu'à éteindre la partie de la dette la plus chère, et par conséquent la première à rembourser.

On ne sauroit se le dissimuler : l'espéce d'insouciance que le gouvernement a montrée jusqu'ici sur l'acquittement de la dette arriérée a produit en France, et sur-tout à l'étranger, une impression défavorable au crédit. L'inquiétude exagérée et la malveillance ont plus d'une fois répété de concert ce dilemme fâcheux : « Si l'on « ne s'embarrasse point de pourvoir, au meil- « leur marché possible, à cette charge onéreuse,

« c'est que, de deux choses l'une, ou l'on pré-
« voit d'avance que l'on n'aura pas les moyens
« de payer intégralement à l'échéance, ou l'on
« n'a pas l'intention de tenir ce que l'on a pro-
« mis. » Ce que nous proposons répond à tout.

CONCLUSION.

Si l'on entend par crédit, suivant l'acception
véritable de ce mot, confiance dans la solvabilité et dans la loyauté du débiteur, on peut af-
firmer, qu'à aucune époque de notre histoire,
le gouvernement françois n'a joui d'un plus
grand crédit. En effet, personne ne doute qu'il
n'ait les moyens et la volonté de tenir ses engagements. J'ai expliqué à quoi tenoit le bas prix
des rentes; j'ajouterai que si la méfiance y en-
troit pour quelque chose, les billets du Trésor
qui ne rapportent que 5 pour cent par an d'intérêt ne seroient pas recherchés comme ils le
sont. Il est donc fort inutile d'offrir de nou-

velles garanties, de multiplier les gages. Ce dont il faut sérieusement s'occuper; ce qui est de la plus grande importance pour la nation, c'est qu'elle s'acquitte au meilleur marché possible, c'est que le fardeau de la dette ne soit pas aggravé par sa forme incommode, qui entrave la marche des affaires commerciales, et la circulation des capitaux.

Que l'on ait donné trop d'extension au système des rentes, que l'on ait abusé de ce moyen si commode pour l'emprunteur, qu'il rappelle involontairement la fécondité funeste de la planche aux assignats, c'est ce que l'expérience a prouvé; c'est ce que je prévoyois, lorsqu'il y a plus de deux ans, je recommandois (puisque l'on étoit obligé d'emprunter) de varier les combinaisons des emprunts, afin de les accommoder aux vues, à la position, au caractère des prêteurs (1). J'indiquai même alors un plan analogue à celui que la ville de Paris a adopté avec succès pour rembourser sa dette. Aujourd'hui je suis convaincu que l'on pourroit encore tirer un parti avantageux du goût général

____

(1) *Exposé des Travaux de la Commission consultative du Budget de* 1816.

que les François, les plus aventureux des hommes, ont pour tenter la fortune. Jusqu'ici, nos financiers n'ont exploité cette ressource, les loteries, qu'au préjudice de la morale publique. Au lieu de se borner à recevoir le superflu du riche, ils n'ont pas craint de s'adresser à la cupidité des plus basses classes de la société, au risque d'augmenter leur misère, ou de corrompre leur probité. Le remède à ce grave inconvénient est dans l'élévation des mises, et sur-tout dans la précaution de ne pas laisser jouer le capital, et de ne repartir en lots que les intérêts. Des loteries ainsi modifiées ont réussi dans d'autres pays ; et même en Prusse et en Angleterre, l'état en tire d'assez gros revenus. Sans porter si loin nos espérances, nous pensons que l'on pourroit trouver dans ces combinaisons, les moyens d'échanger quelques uns des millions de rentes qui nous pèsent contre un emprunt moins incommode.

Au reste, quelque forte que soit notre dette consolidée, nous croyons que l'on s'en fait généralement une opinion exagérée. Sans parler des dix millions de rentes amorties, et qui déja dans deux mois vont commencer à en racheter d'autres, on ne devroit pas compter, comme on le fait communément, la totalité des 24 millions de rentes accordées par le crédit de 1818 pour la libération du territoire, puisque 19 millions ont suffi, et que les derniers arrangements avec les alliés ont encore réduit cette masse de rentes de 7 millions. En dernier résultat, on trouvera que la dette inscrite s'élève à environ 167 millions, sur lesquels 55 sont, ou amortis, ou immobilisés au moins temporairement. Si par les moyens que nous avons proposés, ou par toute autre combinaison du même genre, on parvient à retrancher un tiers de ce qui reste, nous ne doutons pas que cette opération une fois consommée, et l'action de l'amortissement continuant toujours avec sa force progressive, la proportion convenable entre les capitaux disponibles et la quotité des rentes ne se trouve bientôt rétablie.

Avant de terminer cet écrit, qu'il me soit permis d'observer que ce sont de simples aperçus, et non des plans que je soumets à l'attention publique. Je n'ai donc pas dû entrer dans une discussion longue et épineuse pour mon-

trer comment on pourroit surmonter les difficultés d'exécution que l'on ne manquera pas de
m'objecter. Cependant je publie mes idées avec
quelque assurance, parcequ'avant de les adopter, j'ai recherché scrupuleusement si la justice
et l'arithmétique (bases selon moi de toutes
finances) en approuvoient les résultats.

FIN.

www.ingramcontent.com/pod-product-compliance
Lightning Source LLC
Chambersburg PA
CBHW051137050726
47594CB00003B/1134